LETTRE

AU SUJET

DU SPECTACLE

DES AVANTURES D'ULISSE

A ſon retour du Siége de Troye, juſqu'à ſon arrivée en Itaque.

TIRÉ DE L'ODISSÉE D'HOMERE.

Ouvert au Palais des Thuillleries, dans la Salle des Machines, au mois de Mars 1741.

INVENTÉ

Par le Chevalier SERVANDONI, Peintre & Architecte du Roi, & de l'Académie Royale de Peinture.

Le prix eſt de ſix ſols.

A PARIS,

Chez PRAULT fils, Quay de Conty, vis-à-vis la Deſcente du Pont-Neuf, à la Charité.

M. DCC. XLI.

Avec Approbation & Permiſſion.

LETTRE

A M. LE COMTE DE***,

AU SUJET

DU SPECTACLE

Qui doit être donné par le Chevalier SERVANDONI, dans la Salle des Machines le 19. Mars 1741.

VOUS m'avez prié, Monsieur, de vous envoyer la Description du Spectacle de M. SERVANDONI, *aussi-tôt qu'elle seroit imprimée. Le hazard me fait répondre à votre impatience plûtôt que je n'eusse pensé ; & ce Manuscrit tombé entre mes mains, vous fera juger d'avance de ce que nous promet cette grande Représentation. Je souhaite que le détail que je vous envoye, excite assez votre curiosité pour vous faire abandonner votre belle Solitude. Je ne vous en donnerai point au-*

jourd'hui de motif plus pressant ; le tems que j'ai mis à parcourir ce petit Manuscrit, & l'envie que j'ai qu'il parte aujourd'hui, m'ôtent la liberté de m'entretenir plus au long avec vous. J'aurai soin de vous faire part du succès de ce Spectacle, dès que j'en aurai pû juger par moi-même.

Je suis, &c.

A Paris ce 27 Février 1741.

APPROBATION.

J'Ai lû, par ordre de Monsieur le Lieutenant General de Police, un Manuscrit qui a pour titre, *Lettre au sujet du Spectacle des Avantures d'Ulisse*, & je crois que l'on peut en permettre l'impression. A Paris le 18 Mars 1741.

Signé, CREBILLON.

VEU. Permis d'imprimer, ce 18. Mars 1741.

Signé, MARVILLE.

DESCRIPTION
DU SPECTACLE
Donné au Louvre en 1741.

OU

DE LA REPRE'SENTATION
DES ERREURS D'ULISSE
A son retour du Siége de Troye.

VOICI le quatriéme Spectacle donné au Public dans la Salle des Machines[1], par le Chevalier Servandoni ; l'augmentation considérable du concours des Spectateurs à ses Représentations à proportion qu'il a pû les rendre plus dignes de leur curiosité, loin de ralentir son zéle l'a excité à de nouveaux efforts ; il croit pouvoir se flatter enfin, d'avoir renouvellé, & introduit dans la Capitale d'une Nation rivale, à tant de titres, & de Rome & d'Athenes, le goût d'un Spectacle si vanté dans l'Antiquité, & qui avoit été négligé depuis plusieurs siécles.

En effet, on ne peut lire l'éloge que fait Lucien de ces représentations Pantomimes dans son Dialogue de la Danse entre Licinus & Craton, sans être persuadé de l'estime singuliere qu'elles avoient acquises chez les Grecs & les Romains. Les Princes, les Empereurs, les Philosophes mêmes ne les regardoient pas seulement comme un delassement, mais encore comme un exercice aussi utile qu'agréable. Le même Auteur ne se contente pas de louer les talens d'un bon Pantomime, en faisant, ce semble, l'éloge du sçavoir qu'il lui suppose, il lui insinue avec adresse les Sujets qu'il doit surtout traiter, » depuis le cahos, dit-il, depuis l'ori- » gine du monde jusqu'à la Reine Cleopatre, il doit » être instruit de tout ce que l'Histoire, de tout ce que » la Fable nous apprend; il lui remet sous les yeux tous les évenemens rares, tous les caractéres frappans qu'il peut puiser dans la Mythologie & dans les Antiquités de chaque Nation, & finit enfin son discours par ces mots qui font juger de l'utilité qu'il attribuoit à ces Représentations.

» Si tu prens part un jour à ce divertissement, dit » Licinus à Craton, tu y seras peut-être aussi sensible » que moi; loin de te plaindre comme Circé se plai- » gnit à Ulisse, que ses charmes étoient impuissans; » tu deviendras si passionné pour ces Représentations; » que tu porteras une secrete envie à ceux qui parta- » geront ce plaisir avec toi; & sans craindre qu'un poi- » son si doux puisse te metamorphoser en un animal » stupide, tu en sortiras meilleur, car ainsi que la verge » de Mercure, il réveille ceux qui dorment; en un mot, ces représentations Pantomimes sont célebrées par une infinité d'Auteurs graves, quoiqu'elles ne fussent peut-être pas décorées avec autant de soin & de magnificence. Suidas & Dion font mention de deux fameux

Pantomimes du temps d'Auguste qui partagerent entr'eux la Scene. Batyllus pour le Comique, & Pilade pour les Sujets héroïques. Macrobe rapporte même une réponse de ce dernier faite à Auguste, lorsqu'après l'avoir chassé, pour avoir montré du doigt un des Spectateurs, il le retablit enfin sur la Scene: » César, » dit, Pilade à Auguste, il est de ton intérêt que le » Peuple s'amuse de nos jeux : mais sans rappeller ici, dans une Dissertation en forme, une longue suite de citations à l'avantage de ce Spectacle, il suffit au Chevalier Servandoni que l'empressement du Public ait déja justifié son entreprise par une approbation si générale : jaloux de la gloire de son art, il n'eût point été en état de l'exposer dans tout son éclat, sans les secours qu'il doit à la réussite de ses premieres tentatives; aujourd'hui porté, pour ainsi dire, par les suffrages de la Cour & de la Ville, plus reconnoissant, plus sensible que jamais à un succès qui ne peut-être flatteur sans devenir utile, il ne regarde ces différens avantages de ses travaux que comme des dégrés nécessaires pour s'élever à des entreprises encore plus dignes de ces glorieuses récompenses. Heureux de pouvoir consacrer à de plus prands projets le fruit de ses premiers efforts. Il n'a épargné ni la dépense ni le travail pour rendre plus magnifique le nouveau Spectacle qu'il s'est proposé de donner au Public. Il lui falloit pour remplir une si noble idée, un sujet vaste également susceptible de l'illusion qu'on peut emprunter du merveilleux, & des graces que fournit la variété : où pouvoit-il le rencontrer plus sûrement que chez le grand Maître de l'Epopée ? L'Odissée d'Homere, ou les Avantures d'Ulisse depuis son départ du siege de Troye jusqu'à son retour en Itaque, lui fournissent une des plus amples matiéres pour un Spectacle aussi magnifique que varié. Il a pour ainsi dire embrassé ce Poëme tout entier en suivant cependant le précepte d'Horace, qui défend aux Poëtes d'entrer scrupuleusement dans de trop grands détails, lorsqu'ils ne peuvent servir à enrichir leur Sujet.

. . . . . Et quæ
Desperat tractata nitescere posse relinquit.

Il a choisi les événemens les plus propres à rendre son Spectacle plus agréable par le contraste des Scenes différentes ; & sans s'écarter de son guide il n'a obmis des Avantures du retour d'Ulisse que celles qui par leur propre sécheresse pouvoient devenir peu intéressantes, ou celles qui par leur ressemblance auroient eû peine à se soûtenir contre l'ennui d'une uniformité si dangereuse dans une représentation muette : Il a donc distribué tout son Spectacle en sept Scenes, dont tous les Sujets sont susceptibles, à différens degrés, des agrémens qu'on peut emprunter de la décoration & de la méchanique des Théatres. Chacun de ces sujets offre en même temps d'excellentes moralités à l'esprit des Spectateurs ; ce sont partout des leçons de prudence dans les avantures les plus périlleuses, de salutaires avertissemens, pour se garantir, ou pour se délivrer des attraits ou des charmes de la volupté, des exemples de vertus héroïques, & de la protection que leur accordent les Dieux.

LA PREMIERE SCÈNE se passe pendant la nuit, elle représente Ulisse & ses Compagnons sortans de la Ville d'Ismare qu'ils ont assiégée : cette Ville qui est sur le bord de la Mer, paroît en partie détruite ; les Soldats d'Ulisse chargés de Butin, sont prêts à rentrer dans leurs Vaisseaux, & tandis qu'Ulisse les exhorte à ne se livrer qu'avec précaution à l'ardeur du pillage, les Ciconiens font un nouvel effort contre leurs Vainqueurs. Ulisse soutient le choc, & par sa genereuse résistance, il facilite l'embarquement de ses Compagnons, & rentre lui-même dans son Vaisseau, en se défendant toujours contre les Ennemis qui le pressent; il donne enfin le signal à sa Flotte, qui se met en mouvement & s'éloigne des Ciconiens. Ceux-ci rentrent desesperés dans leur Ville ruinée, dès qu'ils ont perdu de vûë la Flotte d'Ulisse.

On croit devoir avertir ici ceux qui connoissent assez l'Od ssée d'Homere, qu'on doit supposer qu'entre cette Scéne & la suivante, la Flotte d'Ulisse a pris terre dans l'Isle des Lotophages, & qu'Ulisse, après avoir délivré ses Compagnons de l'enchantement des fruits de cette Isle, s'est remis en Mer avec sa Flotte.

LA SCENE II. représente l'Isle des Cyclopes; son Rivage est baigné par les flots de la Mer; de fertiles Colines, d'agréables Prairies, une Forêt dans laquelle on apperçoit la Caverne de Poliphême, forment cette nouvelle décoration; Ulisse aborde cette Isle sur un de ses Vaisseaux, il descend à terre avec quelques-uns de ses Compagnons, il examine avec surprise la Caverne du Cyclope; malgré les remontrances d'Euriloque, l'un de ses Chefs, il entre l'épée à la main dans cette horrible demeure; Polypheme revient alors, les Compagnons d'Ulisse en sont effrayés, ils se sauvent dans la Caverne à la suite d'Ulisse, le Cyclope y rentre lui-même & il en referme l'entrée avec une Roche énorme. Comme il n'est pas possible de représenter ce qui doit se passer dans l'interieur de cette Caverne, & que d'ailleurs, on n'en eût pû former qu'un Spectacle hideux, on doit être instruit que Polypheme y dévora quelques-uns des Compagnons d'Ulisse, & que se laissant surprendre par un Vin que ce Héros lui présente, & qu'il avoit reçû d'un Prêtre d'Apollon, Ulisse, pendant son sommeil, lui fait crever son œil unique avec le bout enflamé d'une Massue ; ceci supposé passé dans la Caverne, Polypheme devenu aveugle, ouvre en partie son Antre pour en faire sortir ses Troupeaux ; &, de peur de surprise, il touche tous ses Moutons lorsqu'ils sortent : mais les Grecs instruits par Ulisse, se cachent chacun sous l'un de ses animaux, & se sauvent ainsi de la fureur du Cyclope ; Ulisse use de la même adresse pour se soustraire à sa fureur, il lui échappe en se tenant attaché sous le ventre d'un Belier : ses Compagnons le reçoivent avec joye, ils regagnent avec lui le Rivage, ils s'embarquent & le Vaisseau s'éloigne. Polypheme ne trouvant plus les Grecs dans sa Caverne, & s'apperçevant, au bruit de leur embarquement, qu'ils lui sont échappés, court au Rivage, il les accable d'imprécations, & leur lance à la Mer une partie considérable d'un Rocher ; les flots en sont émûs, mais le Vaisseau n'en est point endommagé, & Polypheme jugeant enfin que sa rage est inutile, invoque Neptune, & le presse de le vanger tandis que les Grecs continuent leur navigation.

On doit supposer encore ici que dans l'intervalle de cette Scéne à l'autre, Ulisse est abordé dans l'Isle d'Æolie, qu'Æole, Roi des Vents, a renfermé dans une peau de Bœuf ceux qui pouvoient être contraires aux desseins de ce Héros, qui les a remis au pouvoir d'Ulisse, pour assurer d'autant plus son retour en Itaque ; qu'à la vûe de cette Isle, ses Compagnons persuadés que cet Outre contient des richesses immenses, ont abusé du sommeil de leur Roi, pour partager entr'eux un si riche Butin. L'effet de cette avide curiosité devoit naturellement exciter une horrible tempête ; on en a fait le sujet de la Scene suivante, en supprimant le second abordage de la Flotte d'Ulisse dans l'Isle d'Æolie, la descente de ses Compagnons dans l'Isle des Lestrigons, & la cruauté du Roi Antiphate dont la varieté du Spectacle & l'humanité des Spectateurs ne pouvoient manquer de souffrir.

LA SCENE III. représente donc une grande Mer agitée par une furieuse tempête, on y découvre le Rivage de l'Isle d'Æaa, demeure ordinaire de Circé. A travers des Forêts & des Bocages, une longue Avenue d'Arbres paroît devoir conduire au Palais de cette fameuse Enchanteresse ; cette vaste étendue de Mer est couverte de Vaisseaux tourmentés ; les uns sont prêts à être submergés, les autres échouent; plusieurs des Grecs, pour se sauver du nauffrage, se saisissent des Mats & des autres débris des Vaisseaux ; quelques-uns à la nage lutent contre la fureur des Ondes ; le seul Vaisseau d'Ulisse, après avoir résisté long-tems à l'impétuosité des vents & à la violence de la tempête, aborde au Rivage; la plûpart des autres Vaisseaux devenus le jouet des flots, sont dispersés, périssent ou disparoissent.

LA SCENE IV. donne une idée du Palais de Circé ; telle à peu près qu'Homere la donne lui-même. Ce Poëte dit seulement que ce Palais étoit bâti de belles pierres: On n'en aperçoit que l'exterieur ; c'est un Peristile d'ordre dorique, auquel on arrive par un double dégré. L'entrée de ce Palais est au milieu du Peristile ; & lorsque cette entrée est ouverte on peut juger de la richesse de l'interieur par la partie qu'il est alors permis d'en découvrir.

C'est à l'aspect de ce Palais qu'Ulisse arrive avec ses Compagnons. Euriloque & quelques-uns des Grecs s'avancent pour y penetrer, tandis qu'Ulisse & le reste de ses Chefs entrent dans les Bois voisins. Des Lions & des Loups se presentent sur le passage d'Euriloque, mais bien loin de s'y opposer ils paroissent soumis, doux, & caressans. Polites engage les Grecs à entrer dans le Palais. Circé vient elle-même au-devant d'eux, & se sert des amorces les plus flateuses pour les engager à la suivre. Euriloque est le seul qui ne se laisse pas séduire aux trompeuses caresses de Circé. Bien-tôt il ne peut plus douter que ses Compagnons n'ayent fait une triste épreuve de la puissance de ses charmes dangereux : Il revient sur ses pas, & rencontre Ulisse. Il veut envain le détourner de tenter lui-même une si périlleuse avanture : ce Héros refuse de se rendre à ses timides conseils ; il s'avance avec courage, lorsqu'il est arrêté par Mercure sous la figure d'un Berger. Ce Dieu lui presente la Plante appellée Moly, qui doit le garantir des poisons enchanteurs de la fille du Soleil. Mercure se retire ; &, quittant la figure de Berger, il reprend la sienne, & s'élance dans les airs.

Ulisse plein de la confiance que ce prodige lui inspire, marche avec assurance vers le Palais. Circé en sort elle-même pour le recevoir ; elle y rentre avec lui, & le fait asseoir sur un Thrône. Elle lui presente une Coupe pleine d'une liqueur enchantée ; & ne doutant point de l'effet de ses charmes, elle veut le toucher de sa baguette, mais Ulisse l'évite, & prenant ses armes il lui reproche sa noire perfidie. Elle le reconnoît pour Ulisse, dont l'arrivée lui avoit été annoncée par Mercure : elle ne doute plus que ce Dieu lui-même ne lui ait communiqué le secret de rendre ses charmes impuissans, mais elle espere du moins retenir Ulisse par les attraits de la volupté ; & pour lui prouver l'excès de sa tendresse, elle veut bien accorder à ses vœux le retour de ses Compagnons ; elle touche de sa baguette la voûte du dégré, & l'on apperçoit les grilles d'une Prison, où les Grecs paroissent métamorphosés sous la forme de differens animaux. Elle rompt elle-même l'enchantement & les fers qui les retiennent, & bien-tôt prenant tous la figure humaine, ils viennent rendre grace à Ulisse de les avoir délivrés. Circé se flatte envain après un bienfait de cette nature de pouvoir retenir plus long-tems Ulisse. Ce Héros inspiré de nouveau par Mercure, résiste aux empressemens de Circé; elle reconnoît enfin que ses efforts sont inutils; & ne pouvant plus s'opposer au départ des Grecs, elle les conduit elle-même hors de son Palais, & s'y renferme avec les plus vifs regrets de la perte d'Ulisse.

Entre cette Scene & la cinquiéme, Ulisse est censé estre abordé dans l'Isle des Cimmeriens, & y avoir trouvé un passage pour descendre aux Enfers, où il lui étoit ordonné d'aller consulter l'Ombre de Tiresie: on a crû devoir supprimer une Scene, qui n'auroit pû être qu'une imitation imparfaite de quelques-unes des décorations du Spectacle de la descente d'Enée aux Enfers.

LA SCENE V. offre, d'un côté, les Rochers habités par les Sirenes; & de l'autre, le gouffre affreux du détroit de Carybde & de Silla. Le Vaisseau d'Ulisse arrive sur la Mer; ce Héros y paroît attaché aux grands mats du Navire: Ses Compagnons sont censés avoir les oreilles bouchées avec de la cire, conformément à l'avertissement qui en avoit été donné à Ulisse, pour éviter d'entendre les voix enchanteresses des Syrennes. Ulisse ne peut se défendre d'y être extremement sensible; la Mer devient calme, & le Vaisseau paroît presque immobile, malgré les efforts des Matelots pour s'éloigner d'un lieu si dangereux. Les Sirenes s'approchent du rivage; Ulisse charmé par la douceur de leurs chants, prie envain ſes Compagnons de le délier; ils ne ſont point en état de l'entendre, mais le vent qui revient enfin, éloigne Uliſſe & ſon Vaiſſeau de ce danger. Les Sirenes au déſeſpoir d'avoir manqué leur proye, ſe précipitent dans la Mer, & ſont métamorphoſées en autant de Rochers. Alors Uliſſe eſt délié, & ſes Compagnons ne ſont délivrés de la crainte du péril qu'ils ont couru, que pour éprouver un nouveau ſujet de terreur. Le détroit de Caribde & de Silla qui s'offrent à leurs regards, les menace d'une avanture encore plus périlleuſe que celle à laquelle ils viennent d'échaper par leur adroite précaution. La conſternation des Grecs, le bruit épouvantable d'un torrent, ne peuvent arrêter le courage d'Uliſſe: Il reproche à ſes Compagnons une frayeur qui les déshonore: Il prend lui-même le gouvernail en main; par ſes ordres il rétablit la manœuvre, & le Vaiſſeau paſſe enfin comme un éclair, à force de rames, le dangéreux détroit dont ſa Troupe étoit ſi allarmée.

LA SCENE VI. offre aux yeux des Spectateurs un Jardin délicieux, qu'on ſuppoſe être celui du Palais d'Uliſſe dans l'Iſle d'Itaque; Penelope y paroît triſte de la longue abſence d'Uliſſe, & indignée de la perſecution des Princes, ſes Amans. On n'a rien épargné pour rendre cette Scene auſſi agréable que magnifique: ce Jardin eſt orné, par-tout, de Jets d'eau, de Caſcades, de Vaſes & de Statues, On y voit un Canal formé par une nape qui s'y précipite avec grand bruit; chaque differente chûte d'eau produit le même effet, mais proportionné à ſon volume. Tandis que Penelope s'abandonne à ſa douleur dans un lieu ſi charmant, Mercure y deſcend, il la conſole en lui apprenant qu'Uliſſe va bien-tôt lui être rendu par Minerve elle-même. Elle attend avec confiance ce secours des Dieux dont l'arrivée de Mercure ne lui permet plus de douter.

On doit encore supposer ici que, depuis la Scene cinquiéme jusqu'à la fin de celle-ci, Ulisse a éprouvé d'autres Avantures, qu'on a crû devoir supprimer, pour éviter la longueur & la ressemblance des Scenes. Celle de la descente d'Ulisse dans l'Isle d'Ogigie où regne Calipso, auroit pû fournir seule les différentes Scenes d'un grand Spectacle, & peut y être employée un jour avec succès : mais la nouvelle tempête que Neptune excite contre Ulisse à son départ d'Ogigie, son naufrage, les secours qu'il reçoit de Leucotoé, Nimphe de la Mer, son arrivée chez les Phæaciens, son sejour à la Cour d'Alcinoüs leur Roi, & les préparatifs de ce Prince pour faire passer Ulisse en Itaque, n'auroient pû être susceptibles d'une assez grande varieté, ni finir ce spectacle d'une façon assez brillante, pour laisser lieu de regretter cette partie des Avantures d'Ulisse; & puisque Minerve présida elle-même à son retour, qu'elle l'accompagna dans l'Isle d'Ithaque, & qu'elle conduisit, pour ainsi dire, son courage & sa main dans la juste vengeance qu'il tira des temeraires Amans de Penelope. Le Chevalier Servandony a crû pouvoir user d'une liberté qu'Horace accorde aux Peintres, comme aux Poëtes, en feignant que Minerve ayant enlevé Ulisse dans son Palais, le raméne elle-même en Itaque, environnée de tout l'éclat de sa gloire, & que c'est dans le Temple de la Sagesse, qu'un Heros peut trouver enfin le terme desiré de ses plus grandes entreprises.

La VII. & derniere SCENE répresente donc le Palais de Minerve; cet Edifice dont on jugera mieux en le voyant, qu'on ne pourroit faire dans une Description, quelque détaillée qu'elle pût être, est un

Palais d'Ordre Ionique : Il descend du ceintre, & fait disparoître les Jardins de Penelope ; Ulisse y paroît assis près de Minerve. Penelope est surprise de se voir dans ce Palais ; elle y reçoit enfin Ulisse des mains de la Déesse, & ces heureux Epoux marquent à Minerve, par les soumissions les plus respectueuses, & par la joie qu'ils sentent de se revoir, combien ils sont sensiblement touchés du bonheur qu'elle leur procure.

On n'a point eû dessein, dans cette Description sommaire du spectacle des Avantures d'Ulisse, de prévenir trop favorablement les Spectateurs sur l'exécution d'une aussi grande Machine ; on s'est contenté de donner une idée du caractere de chaque Scene, tant pour la partie de la décoration, que pour celle de l'action pantomime. Cette dernière a été rédigée & conduite par le sieur Maimbray, déja connu par des Pantomimes de son Invention dans d'autres genres. Pour ce qui regarde la décoration & la méchanique des Machines, le Chevalier Servandony se flatteroit d'un plein succès, si le zéle de plaire au Public, lui tenoit lieu de ce que les Connoisseurs pourroient encore trouver à desirer à la perfection de son Spectacle : il n'a du moins épargné, ni étude, ni soin, ni dépenses pour y parvenir ; & il pourroit dire à ses Spectateurs, à plus juste titre que Terence ne le disoit à ses Auditeurs dans le Prologue d'une de ses Piéces,

. . . . . Numquam avare pretium
Statui Artis meæ
Et eum esse quæstum in animum
Induxi maxumum
Quam maxume servire vostris
Commodis.

FIN.

www.ingramcontent.com/pod-product-compliance
Lightning Source LLC
LaVergne TN
LVHW012019170826
845678LV00004BA/1558
9782329628875